El papagayo parlanchín

James Krüss

El papagayo parlanchín

Traducción de
José A. Santiago Tagle

Ilustraciones de
Maite Guerrero

CÍRCULO DE LECTORES

1

La niña enferma

De Amsterdam a Volendam

En una casa del canal de Heeren, en Amsterdam, cuya estrecha fachada apenas conseguía iluminar el globo de una farola debido a la niebla y ante la que el agua del canal tampoco despedía el menor reflejo, yacía en su cama de la buhardilla, entre almohadas con estampados de flores, una niña. Un viejo médico de pelo canoso, tras tomarle el pulso, susurró a la madre de la enferma:

–No siente deseos de ponerse bien. ¿Qué le pasa, señora Visser?

–Ha perdido a su *Januco* –contestó ella.

–¿Y quién era *Januco*?

–Su papagayo parlante.

–Ya –dijo el doctor meneando la cabeza–. Un papagayo parlante. Si necesita un papagayo parlante, hay que conseguírselo. Se lo digo como médico y viejo amigo de la casa. La ayuda que precisa Lenuca no está en la medicina. Yo le conseguiré un papagayo parlante.

–¿Me vas a devolver a mi *Januco*? –preguntó una débil voz desde la almohada.

Mientras la madre se dirigía rápido a la cama, el médico susurró:

–¡Diablos, nos ha oído! Hemos hablado demasiado alto. Pero le daré un papagayo parlante. Tan verdad como que soy el doctor Van der Tholen.

El viejo médico no se imaginaba en ese instante lo difícil que era en Amsterdam, y además tan cerca del día de Navidad, hacerse con un papagayo. Pero pronto descubrió que por esas fechas sólo había un lugar donde podían comprarse papagayos parlantes: Londres.

Para llegar a Londres desde Holanda había que cruzar en barco el Canal de la Mancha, en el que en invierno suelen producirse numerosos temporales. Para una travesía como aquélla, el médico estaba ya demasiado viejo. Así que se montó en un coche tirado por dos caballos y fue a casa de su sobrino Pieter, un marinero algo rudo que vivía en el pueblecito de Volendam, en la costa del mar de Ijssel.

Ese día, Volendam estaba inmerso en la niebla, y todo el pueblo olía a humedad. La niebla, que procedía del mar, trepaba por el dique y llegaba a la estrecha casa en la que vivía el sobrino del médico. Allí, el doctor Van der Tholen, mientras se quitaba el abrigo con cuello de piel, dijo sin parar de toser:

–¡Vaya sitio más desagradable!

–Pues a mí me gusta y no lo cambio por

tu Amsterdam, en el que, por cierto, hoy también hay niebla –respondió Pieter, un hombre en lo mejor de la edad, con grandes manazas y el pelo rubio como la estopa. Después voceó hacia el interior de la casa–: ¡Mujer, haznos un té bien fuerte! –y a continuación preguntó a su tío–: ¿Qué te trae a Volendam con este tiempo, tío Henk?

–Necesito un papagayo parlante londinense, Pieter –dijo el doctor Van der Tholen–. Es para una niña muy enferma a la que se le ha muerto un bicho de ésos. Si no me hago con otro, la niña se me morirá también.

–¿Y por qué tiene que ser londinense? –preguntó Pieter.

–Porque en Amsterdam no hay –respondió el tío–. A mis caballos se les han gastado los cascos de tanto buscar un papagayo de esas características –el médico alzó impotente las manos y las dejó caer de nuevo–. Desgraciadamente, no hemos tenido éxito.

–¿Pretendes que yo vaya a Londres a traerte un papagayo? –preguntó Pieter.

El médico asintió con su canosa cabeza.

–Eso pretendo –dijo.

–Pues no resultará –Pieter movió el dedo índice hacia la izquierda y hacia la derecha–. No hace el tiempo adecuado para atravesar el Canal, tío Henk. Ahora no se puede, porque hay niebla y no sopla el viento. Y si la niebla se levanta, habrá temporal de invierno.

Mientras la mujer de Pieter entraba en la habitación con una bandeja y depositaba sobre la mesa el té y las tazas, el médico continuó:

–Pues, a pesar de eso, tienes que ir al otro lado del Canal, Pieter. Total, ¿qué es eso?

–Desde aquí hay que atravesarlo navegando en diagonal por su parte más ancha, querido tío Henk. Y, luego, hay que regresar. Y con este maldito viento helado de mil demonios que te muerde las orejas.

–¡Pieter! –exclamó la mujer en tono de reproche.

No le gustaba que su marido utilizara aquel lenguaje. Después propuso a ambos hombres, sentados en los sillones de orejas, que pasaran a la mesa, y salió de la habitación.

Mientras tomaban el té, fuerte y caliente, los dos hombres continuaron discutiendo. El médico recurrió a todas las tretas que había aprendido en su trato con enfermos obstinados para convencer a su sobrino de que hiciera el viaje. Sin embargo, el marinero, testarudo él, se aferraba a que un viaje así era muy peligroso con aquel tiempo. Y tampoco el buque correo que iba a Londres partiría en los próximos días.

Finalmente, cuando el médico se dio cuenta de que ninguna de sus estratagemas servirían con su sobrino, exclamó:

–¿Es que quieres que se muera la niña?

–La gente no se muere tan deprisa –respondió Pieter–. Además, ¿es que no sabes cuántos hombres se han dejado ya la vida navegando por el Canal en invierno?

–Bueno –dijo levantándose el doctor Van der Tholen–, entonces no me queda más remedio que acudir a Adrián el borracho. Ese seguro que va si le pago bien.

–¿Adrián el borracho? –entonces también Pieter se levantó de la mesa–. ¿Vas a ir a buscar a Adrián el borracho? –y clavó en el tío una mirada colérica.

Comprendió que tendría que navegar él para evitar que lo hiciera Adrián el borracho; pues se trataba de un hombre que por dinero hacía cualquier cosa, con tal de conseguir un vaso de ginebra. Por dinero hasta habría vendido a su propia abuela al diablo.

Así que para evitar que su tío, resuelto a todo, enviara a Adrián el borracho al otro lado del Canal, Pieter refunfuñó:

–Has ganado. Iré. Pero sólo cuando el tiempo lo permita. Tráeme mañana el dinero para el papagayo.

–Lo llevo encima –dijo apresuradamente

el doctor Van der Tholen, y con el pulgar y el índice sacó el dinero del bolsillo del chaleco–. Toma –y le dio un fajo de billetes–. Son veinte libras. ¿Con quién vas a ir?

–Trataré de convencer a Hein –gruñó Pieter. Después contó el dinero y preguntó–: ¿Tanto dinero para un solo papagayo?

–Para un papagayo que sepa hablar –respondió el tío–. También pagas las clases de lengua que le han dado al bicho.

De Volendam a Londres

Ese mismo día por la tarde, el doctor Van der Tholen regresó con el coche de caballos hasta Amsterdam y se encontró con que el estado de Lenuca, la niña enferma, había empeorado. Cuando el doctor le tomó el pulso, lo sintió muy irregular. Al mirar preocupado a la madre de la niña, observó que la mujer tenía los ojos enrojecidos de tanto llorar. Y cuando la pequeña volvió a llamar a Januco, al doctor no se le ocurrió otra cosa que decirle con voz tranquila:

–Lenuca, en Navidad tendrás tu papagayo.

Y cosa extraña: desde aquel momento, el estado de Lenuca mejoró tanto que el 14 de diciembre, diez días antes de Nochebuena, pudo por vez primera incorporarse para comer. Y no paraba de decir:

–En Navidad volverá *Januco*. El doctor Van der Tholen me lo ha prometido.

–Sí –dijo su madre mientras le apartaba a su hija un mechón de cabello de la frente–. Sí, para Navidad volverás a tener un papagayo.

Pero mientras decía aquello, oyó cómo fuera el viento de invierno silbaba entre las casas del canal, y pensó: «Dios mío, haz que los marineros regresen a tiempo de Londres. Mi pobre niña tiene depositadas todas sus esperanzas en el papagayo».

Ese mismo día, el 14 de diciembre, los marineros se encontraban sobre las aguas turbulentas, camino de Londres. Eran Pieter, el sobrino del doctor Van der Tholen, y su compañero Hein, a quien el médico había prometido una sustanciosa remuneración a su regreso.

Había tormenta y mar gruesa. Pero el barco navegaba como si nada. Se trataba de una chalupa alemana, pasada de moda, con un solo mástil, una ancha proa y una popa redondeada. Llevaba pintado sobre el liso costado el rostro de una niña. El nombre de la embarcación era *María de Volendam.*

Ambos marineros llevaban impermeables y suestes. Pieter manejaba el timón, y Hein, la vela.

Pieter había escogido a Hein (uno de esos tipos que caen bien, pecoso, pelirrojo y orejudo) por buenas razones: sabía remar, cinglar, reparar redes, navegar con el viento a favor o en contra, señalizar con banderas y luces; en suma, sabía todo lo que un navegante debe saber. Y, sobre todo, sabía

hacer con perfección absoluta lo que Pieter tenía prohibido en su casa: maldecir.

Ya de madrugada, nada más pisar la cubierta, había lanzado una maldición:

–¡Milrayoscofapopaproaycentellas! ¿Y con este cascarón tengo que llegar a Londres? ¡Maldición! ¡Buena la he hecho!

Y cuando las primeras olas fuertes reventaron contra la cubierta, también maldijo:

–¡Mildemoniosdeelementolíquido! ¡Puede que no se serene hasta que no estemos en alta mar!

Y cuando estuvieron en alta mar, como el agua seguía inundando la cubierta, continuó maldiciendo:

–¡Cielosvientoytemporal! ¿Y a esto le llama el maldito doctor «sólo cruzar al otro lado del Canal»? ¡Ratas de tierra! ¡Mucha boquilla, pero de la mar y de veleros no tienen ni idea! –y, después, gritó a Pieter–: ¡Voy a hacer un té! –y desapareció en dirección a la cocina.

La noche que siguió a aquel primer día sobre la mar fue algo más calmada, de modo que los hombres pudieron relevarse al timón y dormir por turnos. Al día siguiente volvió a arreciar el viento. Pero también esta vez navegó el barco como si nada. Las enormes olas elevaban la chalupa hasta las alturas y, al momento, la precipitaban hasta los abismos; pero, con todo, el barco avanzaba, pues el viento del noreste lo seguía impulsando hacia delante. A Hein y Peter, viejos navegantes, el viento les afectaba tan poco como a la chalupa. Hein hasta silbaba sin apenas maldecir.

–Tenemos una suerte de puercos con este temporalillo –decía.

Después de la segunda noche, de nuevo algo más tranquila, avistaron la costa de Inglaterra por la mañana. Y al oscurecer enfilaron la desembocadura del Támesis. A la mañana siguiente, ambos se encontraban en Londres. La *María de Volendam* los había llevado a salvo al otro lado del Canal.

2

Aventura en Londres

El pimpollo

Era una despejada y fría mañana de invierno cuando Hein y Pieter arribaron a los muelles del Támesis, repletos de carretillas oscilantes y cargadas, carros que chirriaban tirados por caballos y mercancías amontonadas en sacos y cajas sobre el suelo de adoquines, y decidieron encaminarse hacia el centro de la ciudad. Los dos llevaban blusones azules y redondas gorras de visera, y bajo los blusones, gruesos jerséis, pues hacía frío.

–Si nos ponemos elegantes como los de la ciudad, el papagayo nos saldrá más caro –decía Pieter–. Si vamos de pobres diablos, el pajarraco nos costará más barato.

El doctor Van der Tholen les había dicho:

«Id al barrio de las cervecerías. El olfato os guiará, pues allí hay un asqueroso olor dulzón a malta seca. Cuando estéis en él, preguntad por los hindúes que venden papagayos. Y cuando encontréis un papagayo, regatead el precio. Empezad ofreciendo cinco libras. Podéis acabar ofreciendo hasta veinte».

El consejo del doctor Van der Tholen había sido bueno. Sin embargo, el doctor había olvidado que en una ciudad tan enorme como Londres las cervecerías sólo se pueden oler cuando uno está cerca de ellas, pero no desde la plaza de Piccadilly o en la refinada Regent Street.

–A pesar de mi notable órgano olfativo, no huelo nada –le dijo Hein a Pieter en plena plaza de Piccadilly, adonde los había llevado el tranvía de caballos–. Aquí de nada vale limitarse a olisquear. Tenemos que preguntar a alguien. Pero ¿sabes cómo se dice cervecería en inglés?

–No –dijo Pieter–. Ni idea.

–¡Milrayoslevaduracervezamaltaycentellas! ¿Y qué hacemos ahora? –preguntó Hein–. ¿Preguntar, por ejemplo, «dónde, por favor, cerveza, glub, glub»?

En ese instante, oyeron una voz que desde atrás les decía en su propio idioma:

–¿Puedo serles útil, paisanos?

Al volverse ambos marineros, vieron a un joven que parecía la viva imagen de una revista de modas. Además de pantalón estrecho, llevaba brillantes zapatos de charol, chalina de seda sobre chaleco de seda, una chaqueta que se amoldaba a su cuerpo a la perfección y una chistera reluciente bajo la cual sobresalía su espesa cabellera.

«Un refinado pimpollo», pensó Hein.

Pero Pieter sólo pensó: «¡Por fin alguien que puede ayudarnos!». Y dijo:

–Necesitamos un papagayo parlante, amigo. Para una niña enferma. Dice mi tío que se nos muere sin más si no se lo llevamos. Y mi tío, el doctor Van der Tholen, es médico, ¿sabe usted? El caso...

–Un momento –interrumpió el elegante joven al marinero–. ¿Quieren ustedes adquirir un papagayo parlante? ¿Ahora? ¿Tan cerca de la Navidad? ¡Imposible!

El joven modelo deslizó entre sus manos, de golpe, un brillante bastón negro con empuñadura plateada, lo agarró por el extremo inferior y dio unos toquecitos en el hombro de Pieter, al tiempo que decía:

–Mi querido amigo, si ha venido a Londres para adquirir un papagayo parlante, ha venido en vano. Bien sé lo que me digo. Nosotros, concretamente, comerciamos con animales. Al por mayor. Desde panteras negras hasta ratones blancos.

–¡Milrayosfierasbestiasanimaladasycentellas! –exclamó Hein–. Desde panteras negras hasta ratones blancos. ¡Fantástico!

–Es un negocio como cualquier otro –dijo, un poco picado, el joven–. Y como entiendo del negocio, sé que no hay existencias de papagayos parlantes. A menos que...

–¿A menos qué? –preguntaron Hein y

Pieter, estirando la cabeza hacia delante como hacen las palomas–. ¿A menos qué?

–A menos que... –dijo el joven arrastrando las palabras– fueran ustedes a ver a los hindúes que están en el barrio de las cervecerías. Allí se suelen vender ilegalmente papagayos de ese tipo.

Pieter iba a aclarar enseguida que allí precisamente era hacia donde ellos se dirigían cuando Hein le empujó disimuladamente, y preguntó:

–¿Y cuánto cobran los hindúes por esos papagayos?

–Son muy caros –dijo el joven volviendo a alargar las palabras. Los miró de arriba abajo, como para evaluarlos, y añadió–: Tendrán ustedes que desembolsar diez libras.

–¿Diez libras? ¿No más? –exclamó Pieter–. Mi tío Henk dice que...

–Tu tío Henk ha dicho que lo más que podemos dar son ocho libras –le interrumpió Hein, y volvió a empujarle disimuladamente.

Entonces, el joven comenzó a mostrarse más vivaz en su forma de hablar:

–Así pues, el trato quedará cerrado entre ocho y diez libras –dijo. Después gritó–: ¡Cochero! –y agitó el bastón al aire.

Al momento, se detuvo junto a ellos un coche de caballos que crujía y rechinaba.

–Ustedes primero, señores míos. Suban, hagan el favor.

Sólo cuando Hein y Pieter estuvieron sentados en el coche, montó él también y gritó al cochero en inglés:

–¡Al barrio de los tratantes de aves!

En el trayecto, durante el cual el cochero maldecía todavía con más dureza y por espacio de más tiempo que Hein cada vez que se veía obligado a dejar pasar a otros coches, el joven entretuvo a ambos marineros con anécdotas y chascarrillos de su vida profesional. Contó que en una ocasión le había vendido a un lord una jirafa blanca, y el animal debía desplazarse por las habitaciones de su señoría con la cabeza agachada. Narró cómo se escapó de su jaula una pantera de las nieves y tuvo a media ciudad en la angustia y el terror. Y supo contarles historias tan cómicas de papagayos que los marineros se doblaban de la risa y hasta el cochero tenía que reír a pesar de no entender ni una palabra.

Al fin, el coche se detuvo y Hein y Pieter pudieron oler dónde se encontraban. Era un olor dulzón. Estaban en el barrio de las cervecerías.

A mano izquierda, ante una hilera de casas todas iguales, había muchas, muchas jaulas con luganos, canarios y pinzones. Entre las jaulas estaban los tratantes de aves, muy abrigados y calentándose las manos sobre braseros de carbón. También a los pájaros parecía calentarlos aquellas brasas. No se veían papagayos.

Cuando en ese instante el cochero les pidió seis chelines por el viaje y el joven se lo tradujo a Pieter, éste dudó. Justo antes de la travesía había cambiado los billetes que le había dado su tío por uno solo de veinte libras, con el fin de poder esconderlo mejor. Y ahora no quería enseñar el billete grande. Pero Hein, que ignoraba aquello, exclamó:

–Anda, paga de una vez y vamos a ver los papagayos.

Entonces, Pieter se quitó la gorra de visera y sacó de su escondite en el forro el billete de veinte libras. Pero cuando se lo dio al cochero, éste abrió los ojos como platos, miró con desconfianza a Pieter, que iba vestido pobremente, y se encogió de hombros.

–No tiene cambio –dijo el joven–. Pero eso no es problema. Aquí cerca tenemos una pequeña oficina. Les cambiaré rápidamente el billete. Esperen un momento.

Antes de que Pieter, que era lento de reflejos, hubiera comprendido de qué se trataba, el joven ya le había arrebatado con habilidad el billete de veinte libras. De un empujón abrió rápidamente la puerta del coche, volvió a saltar al exterior, gritó de nuevo «¡Esperen ustedes!» y desapareció por una callejuela que se abría entre las casas.

El cochero volvió hacia ambos marineros su cara de foca de frente arrugada, así que Hein le palmeó sobre el hombro y le dijo:

–No temas, amigo. Recibirás tu dinero. Estos jovencitos tan atildados se las ingenian bien.

Pero cada vez se detenían más coches detrás de ellos, por ser vía de doble sentido, y el cochero comenzó a gritar y a maldecir cada vez más fuerte. A los marineros, aquello ya les parecía algo sospechoso; y, por fin, Hein dijo:

–Voy a buscar al joven.

Saltó del coche, y Pieter, ya muy excitado, le vio desaparecer por la callejuela. Ya iba a salir él también del coche cuando, haciendo aspavientos, reapareció Hein gritando:

–¡Milrayoscochinopimpollochisteraycentellas! ¡Ahí no hay ninguna oficina! ¡Ese tipo nos ha engañado!

Entonces, también Pieter saltó a la calle.

Al cochero, la cosa ya se le había complicado demasiado. Renunció a su dinero y se marchó entre chirridos. Los demás coches le siguieron.

Desplumados

Y he aquí a Hein y a Pieter en medio de la calle de los tratantes de aves, con el dulzón olor a malta en la nariz, tiritando de frío y sin saber qué decir.

–¡Milrayospisaverdeinmundoyveintelibrasycentellas! –exclamó Hein–. ¡Mira que somos estúpidos y palurdos! Tres días y tres noches llevando veinte hermosas libras por el Canal, y en la primera media hora en Londres nos las birlan. ¿Llevas algo más de dinero, Pieter?

–Unos cuantos florines de la Compañía de las Indias Orientales –dijo Pieter en voz baja.

–Yo también tengo –dijo Hein–. Vamos a contarlos. Será mejor que lo hagamos en la callejuela en que desapareció nuestro dinero. Allí nadie nos mirará.

Cruzaron la calle y casi estuvieron a punto de ser atropellados por un coche tirado por dos caballos mientras el cochero los mandaba al infierno. Después penetraron apresuradamente en la callejuela. Allí se colocaron en la penumbra de un soportal, sacaron sus florines de los bolsillos y constataron que no llegaban ni a tres libras, así que no alcanzaban ni con mucho para comprar el papagayo.

Y, cosa extraña de nuevo, en este instante en que ambos marineros estaban, como aquel que dice, con las orejas gachas bajo el oscuro soportal de una callejuela de Londres y sin saber qué hacer, en Amsterdam la niña enferma tuvo una recaída. El doctor Van der Tholen, que estaba a su lado, susurró mientras le medía el pulso de nuevo titubeante:

–Esperemos que todo vaya bien en Londres. Dos torpes lobos de mar en una gran ciudad llena de granujas supone siempre un riesgo. Menos mal que le di a Pieter la dirección de mi viejo amigo. El doctor Wimsley los ayudará sin duda en caso de que algo se tuerza. ¡Ah! –el doctor dejó de susurrar y exclamó–: ¡El pulso vuelve a ser firme! ¡Bravo, Lenuca, bravo!

Y exactamente en ese instante (¿hemos de decir que es extraño o tal vez es natural?), exactamente en ese instante en que el pulso de la niña volvió a cobrar regularidad, bajo el soportal de aquella calle de Londres Pieter sacó del fondo aparentemente sin fin del forro de la gorra un trozo de papel, y dijo:

–Aquí tengo la dirección de un médico inglés que me dio el tío Henk. ¿Qué tal sabes leer, Hein?

–Sé leer los números –dijo Hein–, pero con las letras estoy peleado.

–Yo también –dijo Pieter–. ¿Qué hacemos?

–Primero miraremos si tienen papagayos aquí –respondió Hein–. Preguntaremos lo que cuestan y, después, que nos aclaren dónde vive este médico.

El aplomo con que habló Hein devolvió también algo de confianza a Pieter. Este metió el papelito con la dirección del médico en el bolsillo de su blusón. Después, los dos se pusieron las gorras de visera algo ladeadas para parecer más de ciudad y se dirigieron a ver a los tratantes de aves.

Sí que había papagayos. Pero, a causa del frío, estaban dentro de las casas. Un comerciante, que los reconoció como gente de mar por su deplorable inglés de navegantes, los introdujo en una casa y dijo, imitando el inglés de los marinos:

–Yo tener verdaderos papagayos que ser buenos para barcos. Aquí, hermoso cabeza amarilla del Amazonas. Muy barato. Cuatro libras.

Un papagayo verde con la cabeza amarilla y manchas rojas y azules bajo las alas los miró con el rabillo de sus negros ojos y garrió.

Hein dijo:

–Si saber hablar, nosotros llevar enseguida.

–¿Hablar? –preguntó el tratante, y los observó extrañado–. ¿Querían papagayos que hablar? ¡Ja! –el comerciante levantó los brazos al aire–. Eso ya es otra cosa. Venir conmigo.

Llevó a ambos marineros tres casas más allá, hasta donde estaba un comerciante de piel morena, y, señalándolos, le aclaró algo con increíble rapidez, valiéndose para ello tanto de la palabra como de los gestos. Después saludó otra vez a Hein y Pieter, con la misma rapidez con que había hablado, y desapareció.

El comerciante de piel morena era un indonesio que hablaba holandés. Les preguntó si deseaban un tipo particular de papagayo parlante. Porque en aquel momento sólo le quedaba uno, un papagayo hembra, que respondía al nombre de *Anuca*.

–¿*Anuca*? –exclamó Hein–. ¡Milrayoslorospapagayosycentellas, eso es fabuloso! ¡Precisamente necesitamos sustituto para un tal *Januco*!

Antes de que el tratante pudiera decir algo, se oyó chillar desde un rincón:

–¡Milrayoslorospapagayosycentellas! ¡Sustituto para un tal *Januco*!

Hein y Pieter volvieron la cabeza al instante y se encontraron con que un papagayo los miraba de través y les decía:

–¡Compradme! ¡Compradme!

Era un bello papagayo hembra de pico

amarillo, alas verdes, pequeño penacho negro sobre la cabeza y el cuerpo de un espléndido rojo oscuro.

–He aquí a nuestra *Anuca* –dijo el tratante–. Un loro de penacho negro. Habla holandés. Catorce libras.

–¿Catorce libras? –Hein y Pieter se quedaron de piedra–. ¿Catorce libras? –pensaron en las tres miserables libras que poseían y bajaron la cabeza.

El tratante se dio cuenta de que el precio era muy alto para ellos y preguntó:

–¿Cuánto pueden pagar, señores?

–Tres libras –dijo Hein en voz baja, y Pieter volvió a contar toda la historia del papagayo que había muerto, de la niña enferma, del doctor Van der Tholen, de la travesía del Canal, del joven elegante y de su nada elegante robo.

–Y henos aquí –dijo Pieter sin maldecir–, con sólo tres libras y la dirección de un médico inglés en el bolsillo.

–¿Y qué dirección es ésa? –preguntó el comerciante. Pieter se la mostró y él se encogió de hombros–. Rico no puede ser –dijo–, pues vive aquí, en el sector pobre. Sólo tres calles más allá. En todo caso, acudan a él, señores. Tal vez él pueda ayudarlos. Yo, desgraciadamente, no. Por tres libras no puedo venderles un loro testanegra que habla.

El tratante se disponía a indicarles el camino para llegar a casa del doctor Wimsley, el viejo amigo del doctor Van der Tholen, cuando desde el rincón se oyó chillar:

–¡Apostad! ¡Apostad! ¡Apostad!

–¿Que apostemos? –preguntó Pieter, y luego miró al papagayo y al comerciante–. ¿Y qué tenemos que apostar? ¿Y con quién?

El vendedor rió y dijo:

–Nuestra *Anuca* quiere decir que ustedes, señores, podrían apostar sus tres últimas libras. Tal vez llegarían así a las catorce libras y podrían comprar después a *Anuca*. En Inglaterra se puede apostar por todo lo imaginable.

–¿Y por qué, digamos, podríamos apostar nosotros? –preguntó Hein, muy emprendedor, mientras con el dedo índice se ladeaba algo más la gorra.

–Por nada –le respondió Pieter con aire muy resuelto–. Ante todo, busquemos al viejo doctor. Cuando no nos quede más remedio, podremos recurrir a las apuestas. Pero tengo algo contra ellas, y es que el perdedor siempre se queda muy triste.

–A fin de cuentas, así es la vida –dijo el comerciante sonriendo–. Sólo puede haber ganadores si también hay perdedores –a continuación, indicó a los dos marineros el camino para llegar a casa del doctor Wimsley y les deseó suerte–. Les reservo el papagayo hasta mañana por la tarde –dijo.

Cuando salían de casa del tratante de aves, el papagayo garrió desde su rincón:

–¡Mucha suerte! ¡Mucha suerte! ¡Hasta la vista!

Pero la suerte que el papagayo había deseado a los dos marineros no les era, al parecer, muy propicia; pues, aunque el doctor Wimsley vivía sólo tres calles más lejos, ambos se extraviaron, se hicieron un lío por callejuelas estrechas, pasaron una y otra vez por una calle llena de chamarileros y, al final, se encontraron de nuevo en la calle del tratante de aves.

El indonesio, que precisamente se encontraba a la puerta de su tiendecita, los saludó contento:

–Y bien, señores, ¿han conseguido el dinero?

–No –dijo Pieter–, nos hemos...

–... Extraviado –completó Hein–. ¡Milrayoscallescallejuelasrecovecosycentellas! ¿No tiene a alguien que nos pueda llevar hasta el tal doctor? No somos precisamente gente de ciudad.

–Un momento –el comerciante silbó con la ayuda de sus dedos y grito–: ¡Tony!

En respuesta, apareció en la puerta de la casa contigua un niño negro muy guapo, de unos diez años de edad, que preguntó qué pasaba. El comerciante le indicó dónde tenía que llevar a los dos señores. Y añadió:

–Puedes hablarles en holandés.

Y los dos marineros siguieron a acuel niño llamado Tony, que hablaba holandés porque procedía de Surinam, la colonia holandesa de Suramérica. Además, Tony parloteaba sin descanso, contento de poder hablar de nuevo en holandés. Contó que su tío era cazador de aves y que constantemente podía viajar con él a Londres, que en Surinam jamás hacía tanto frío como en Londres porque, claro, Surinam estaba en el trópico, y también les habló de los papagayos que allá en su país se posaban en los árboles.

–¡Milrayossurinamarbolestropicalesycentellas! Entonces, allá en Surinam, ¿son gratis los papagayos? –preguntó Hein.

–Sí, señor –dijo Tony–. Sólo hay que saberlos cazar, como mi tío. Bueno, aquí está la casa con el número veintiocho. Aquí he de dejarlos.

–Gracias, pequeño –dijo Pieter.

Y Hein le dio una propina en monedas holandesas.

–Para Surinam –le dijo.

Después, ambos marineros subieron unos cuantos escalones entre verjas con adornos de volutas y tiraron de una campanilla.

La anciana y el policía

Sólo se oyó un leve ruido que procedía del interior de la casa. Sin embargo, enseguida se abrió la puerta y apareció una criada con uniforme de rayas blancas y grises, puños blancos y delantal blanco.

–Buenos días. Nosotros, amigos del doctor Wimsley –dijo Hein–. Nosotros ser de Holanda.

–De Volendam –añadió Pieter.

–A moment, please –dijo la criada.

Hein tradujo por lo bajo:

–Ha dicho: «Un momento, por favor».

La criada desapareció en el interior, pero pronto regresó y los invitó a entrar.

La siguieron a través de un oscuro vestíbulo hasta una magnífica y cálida habitación de altas ventanas ante las que colgaban blancas cortinas plisadas.

En la sala, sentada en un sillón de orejas, estaba una anciana que, en holandés, les rogó que se acercaran y se acomodaran junto a ella.

–Desgraciadamente debo permanecer sentada –dijo–. Mis piernas ya no son capaces de obedecerme. Acomódense, aco-

módense, señores. ¿Qué puedo ofrecerles? ¿Un *grog* de ginebra?

–¡Eso sería estupendo! –exclamó Hein–. Estoy hecho un bloque de hielo, ¡milrayos...!

Pieter le interrumpió la maldición diciendo que también a él le gustaría tomar un *grog*.

Así que la señora mandó a la criada traer tres vasos de *grog*. Luego, se dirigió de nuevo a los marineros:

–No deben extrañarse de que yo hable holandés. Nací en Holanda.

–Por lo que llevamos visto, medio Londres habla holandés –dijo Hein–. No me extrañaría que también el doctor Wimsley lo hablara.

Pero entonces la señora negó con un gesto.

–El holandés de mi difunto marido era muy lamentable –dijo.

–¿Difunto? –Hein y Pieter volvieron a estirar el cuello como las palomas.

Entonces, Hein dijo en voz baja:

–Así que el doctor Wimsley ha muerto. El doctor Van der Tholen no lo sabe.

–¿Vienen ustedes de parte de nuestro viejo amigo Van der Tholen? –exclamó la viuda del doctor Wimsley–. ¿Y qué es de él? ¿Qué hace ahora? ¡Cuenten ustedes!

La criada trajo tres humeantes *grogs* con

varillas de vidrio para removerlos, y, mientras la viuda y los marineros bebían, Pieter aprovechó para hablar de su tío. Y naturalmente, contó también la historia de Lenuca, la niña enferma; la travesía del Canal, el robo del billete de veinte libras y la existencia del hermoso papagayo que desgraciadamente ya no podían comprar por falta de dinero.

–Por desgracia, tampoco puedo ayudarlos en eso –dijo la viuda–. Debo salir adelante sólo con lo que tengo. Y, claro, yo no puedo curar enfermos. Pero, sin embargo, sí quisiera ayudarlos un poquito. Esperen.

La anciana cogió del respaldo de su asiento un bolso, lo abrió, sacó de él un monedero y, del monedero, tres billetes de una libra. Y mientras se los ofrecía a Pieter, dijo:

–Ahora ya tienen ustedes al menos seis libras.

Y con las seis libras en el bolsillo, poco después, Hein y Pieter descendían en el tranvía de caballos por un Londres ya anochecido, entre filas de redondas farolas de gas encendidas, hacia el muelle del Támesis.

Durante el trayecto, Pieter preguntó a Hein:

–¿Crees... crees que Lenuca se mo... mo... morirá de verdad si... si... si no le llevamos ningún pa... pa... papagayo parlante? –se veía obligado a tartamudear a causa de las sacudidas del vehículo.

Hein respondió:

–Esas co... co... cosas pasan, Pieter. Piensa en Kees Mar... Mar... Martema, el fri... fri... frisón que vi... vi... vivía junto a nosotros. Su esposa murió un mi... mi... miércoles y él murió el... el vi... vi... viernes siguiente.

Además, añadió Hein, había que tener en cuenta que Lenuca estaba sola todo el día, pues su padre había muerto y su madre tenía que `ir a trabajar.

–Y cla... cla... claro, ella necesita a alguien, aunque sea un papagayo.

Poco después bajaron del tranvía. Cuando más tarde llegaron al muelle (desde la parada del tranvía había un buen paseo, y algunos tramos estaban tan oscuros que se tropezaban con los adoquines), vieron con horror que alguien trajinaba en su barco. Fueron capaces de divisarlo gracias a que la chalupa estaba detrás de un velero iluminado con lámparas de petróleo.

–¡Milrayosgranujaspiratasycentellas! –maldijo Hein a media voz–. Alguien nos quiere robar. Agarrémosle por delante y por detrás, Pieter: tú desde la proa y yo desde la popa. Pero sin hacer ruido.

Ambos se deslizaron, evitando las zonas

iluminadas, sobre el velero, y traspasaron la barandilla del costado opuesto; desde allí se descolgaron hacia la chalupa, se deslizaron hacia el mástil bajo el que se movía la sombra y saltaron al mismo tiempo; y entonces, cuando la figura alzaba contra ellos un arma alargada, Hein le dio dos guantazos tales que la sombra se desplomó como un saco sobre la cubierta y allí se quedó tendida.

Hein y Pieter se inclinaron para ver quién se había introducido en su barco y volvieron a enderezarse espantados: Pieter había golpeado a un policía portuario.

–¡Milrayosporracascouniformeycentellas! –maldijo Hein–. ¡Y ahora encima iremos a la cárcel!

–Y Lenuca se queda sin papagayo –añadió Pieter.

–A menos que... –dijo Hein poniendo cara de astucia–, a menos que nos hagamos buenos amigos del policía. Llevémosle al camarote, preparémosle un *grog* bien fuertecito y contémosle por qué estamos en Londres. Eso nos salvará.

–Esperémoslo –suspiró Pieter. Y ambos encendieron aprisa una lámpara de petróleo, cargaron con el policía inconsciente y lo bajaron al camarote por una empinada escalera, lo recostaron encogido sobre el pequeño sofá de ángulo, se metieron en la cocina, calentaron agua en un hornillo de petróleo, pusieron ron y azúcar en tres vasos, e iban a verter en ellos el agua caliente cuando desde el camarote les llegó un sonido de gárgaras. Algo así como «ngg-guonggguo... gggue... glglgl... guuu...».

Entonces, mientras Hein seguía preparando los tres *grogs*, Pieter volvió deprisa al camarote y dijo en el mejor inglés de la gente de mar:

–¿Cómo le va, sir? ¿Yo haber hecho mucho daño? Rogar perdón. Fue gran error.

El del sofá hizo «aaa... ooo... glglgl... guuu...», se llevó la mano a la frente, intentó levantarse, volvió a desplomarse en el sofá y gimió nuevamente.

Hein entró en el camarote, que enseguida se llenó con el aroma del *grog* humeante. Y, por fin, el policía consiguió emitir una palabra, aunque bastante indecorosa.

–¡Rayostruenospalodemesanayveladetrinquete, está vivo! –dijo Hein.

Fue con el vaso de *grog* hasta el sofá, levantó con una mano la cabeza del policía y con la otra, cuidadosamente, le vertió unas gotas del licor entre los labios.

Pero quizá el *grog* estaba demasiado caliente, o quizá tenía un sabor que al policía no le gustaba; el caso es que éste se levantó del sofá soltando una maldición. Hein salpicó sin querer la cara de Pieter con el *grog* caliente; Pieter gritó, el policía rugió y Hein exclamó:

–¡Milrayos*grog*policíaycentellas! ¿Por qué no nos habremos quedado en Holanda?

Entonces, el policía paró inmediatamente de maldecir, se dejó caer en un sillón y dijo en buen holandés:

–Holanda, mi vieja y querida Holanda. ¿Dónde está el paquete?

–¿El paquete? –preguntó Hein, confuso–. ¿Qué paquete?

Y Pieter, que se secaba la cara con un enorme pañuelo rojo y blanco, preguntó igualmente:

–¿Qué paquete?

–Enseguida se lo aclaro –respondió con voz apagada el policía–. Pero primero necesito una palangana con agua fría.

Después de que Pieter le trajera agua fría y que él se enjuagara la cara concienzudamente, respondió por fin:

–He traído a este barco un paquete para mi anciano padre. Un regalo de Navidad. Mi padre vive en Amsterdam. He venido esta mañana en cuanto me he enterado de que había una chalupa holandesa en el muelle. Pero en todo el día no ha venido nadie a bordo.

–Porque estábamos ocupados con un papagayo –dijo Pieter.

–¿Con un papagayo? –preguntó el policía, un poco extrañado–. Vaya, vaya. En todo caso, al final he optado por atar el paquete al mástil. Tenía miedo de que mañana regresaran muy temprano a Holanda, señores. Y por esta buena acción filial me han tumbado sobre la cubierta.

–Tiene que comprenderlo, amigo –dijo Hein–. Cuando un extraño sube en la oscuridad de un barco...

–Está bien –le interrumpió el policía–. Pero ¿dónde está el paquete?

–Seguramente todavía se bambolea en el mástil –dijo Hein, y añadió al ver que el policía hacía amago de levantarse–: Quédese sentado. Le traeré el paquete al camarote.

Cogió una lámpara de la cocina, subió por la escalera hasta cubierta y regresó poco después con el paquete al camarote. Allí el policía se sujetaba la cabeza con ambas manos mientras Pieter le ofrecía un vaso de *grog*.

–Beba usted. El *grog* siempre viene bien.

Y ahora que el regalo estaba en el camarote a buen recaudo y que se había aclarado todo, el policía bebió con precaución un poco de licor; luego se secó el bigote con el revés de la mano y dijo:

–Realmente, un buen *grog* puede obrar maravillas. Sin embargo, señores, debo levantar acta. Han atacado ustedes a un funcionario público –y se llevó la mano dere-

cha al bolsillo delantero para sacar papel y lápiz.

Pero Hein le puso una mano en el hombro y dijo:

–A lo que hemos atacado, señor, es a una sombra que se había introducido con nocturnidad en nuestro barco. Que además se tratase de un funcionario público, eso sólo lo hemos sabido cuando ya estaba usted tumbado en la cubierta.

–Es que también estábamos muy alterados por lo del papagayo –añadió Pieter.

–¿Y qué papagayo es ése? –preguntó un poco enojado el policía.

–¡Oh! –suspiró Pieter–. Se trata de una larga historia.

Y mientras los tres hombres se tomaban el *grog* pausadamente, volvió a contar su historia, que poco a poco se alargaba cada vez más: contó lo enferma que se había puesto la pobre Lenuca tras la muerte de su papagayo parlante, que a causa de ello había ido a verle el doctor Van der Tholen; describió al joven de la plaza de Piccadilly, el que los había conducido hasta los tratantes de aves y, finalmente, les había robado; habló de la conversación que habían tenido con el comerciante indonesio, explicó que el pequeño Tony de Surinam los había llevado hasta la viuda del doctor Wimsley y que ella les había regalado tres libras.

–Y ahora –dijo Pieter para terminar– tenemos seis libras, pero ningún papagayo.

El policía, con lágrimas en los ojos a causa de la emoción, el *grog* y el dolor de cabeza, suspiró y dijo a continuación:

–Me ocuparé de que puedan volver a Holanda con un papagayo. Tan cierto como que me llamo Johnny van der Heuvel.

–¿Van der Heuvel? –preguntó Hein, y ofreció al policía su pañuelo para secarse las lágrimas–. ¿Tiene usted familia en Volendam?

El policía asintió mientras se secaba las lágrimas y dijo:

–En Volendam vive mi tío Adrián, el hermano de mi padre.

–¡Adrián el borracho! –exclamaron ambos al unísono.

Y Pieter añadió:

–El viejo borrachín; a él debo yo el estar aquí.

–¿Y cómo es que por mi tío Adrián está usted en Londres? –preguntó, ya con los ojos secos, el policía–. Creía que la causa de ello era el papagayo.

–Estamos por eso –dijo Hein–. Pero también por su tío Adrián. Explícaselo, Pieter. Mientras tanto, hago más *grog*.

Y, mientras Hein hacía más licor, Pieter contó que el doctor Van der Tholen había amenazado con enviar a Adrián el borracho al otro lado del Canal, y por eso él, Pieter, había tenido que viajar hasta allí.

–Pues el querido tío Adrián –dijo para concluir– sin duda habría empleado el dinero del papagayo en ron y ginebra.

Johnny, el policía, volvió a suspirar y comentó:

–¡Oh, sí, mi tío Adrián! –pero a continuación añadió con voz firme–: La niña tendrá el papagayo como yo me llamo Johnny van der Heuvel. Tengo una idea.

–¿Cuál? –preguntó Hein, que acababa de volver al camarote con más bebida.

–Tienen ustedes que apostar –dijo Johnny–. Mañana temprano, señores, se va a celebrar una pelea de gallos no lejos de aquí. Ya se sabe quién será el vencedor. Indudablemente habrá trampa. No me pregunten cómo lo sé y por qué no actúo contra eso. A veces la policía debe hacer la vista gorda. Creo que comprenden lo que quiero decir.

Hein y Pieter asintieron. Después bebieron de nuevo, y el policía les explicó dónde y cuándo debían apostar al día siguiente.

–El ganador –dijo para concluir– se llama Jay Gee, que son las iniciales inglesas de un célebre preparador de gallos. Apuesten mañana sus seis libras por ese gallo y podrán comprar cinco papagayos parlantes. ¡A su salud!

Y los tres volvieron a beber. Y después prepararon más licor. Y cuando la mañana, envuelta en niebla, avanzó sobre el Támesis, los tres hombres roncaban, bajo los efectos del *grog*, distribuidos pintorescamente por el camarote: Hein, tendido en el sofá y con las piernas sobre la mesa; Pieter, debajo de la mesa, y Johnny, el policía, atravesado sobre el sillón y dando unos ronquidos que retumbaban en las paredes. Sólo cuando empezó a sonar la gran sirena del barco que tenían al lado, se levantaron entre gemidos, tambaleándose ligeramente y sujetándose bien el cráneo por miedo a que les estallara.

–¡Milrayosazúcarron*grog*ycentellas, jamás volveré a tocar un vaso de *grog*! –maldijo Hein.

Y Pieter añadió:

–El *grog* lleva el diablo dentro.

Johnny, el policía, fue el único que no dijo nada. En vez de eso, fue a la cocina a hacer café.

La apuesta

Una hora más tarde, los tres hombres, que gracias al fuerte café se habían recuperado un poco de su borrachera, salieron de la chalupa *María de Volendam* y se dirigieron lentamente, paso a paso, hacia la ciudad; pues Londres se encontraba, como solía suceder en otoño e invierno, envuelta en una espesa niebla gris.

Caminaron durante una buena media hora. Al cabo, dieron contra una pared de madera y, avanzando al tiempo que la tanteaban, encontraron la entrada al recinto donde tendría lugar la pelea de gallos.

En este punto, dijo Johnny, el policía:

–¡Ánimo y adelante, amigos! Y no olviden apostar por *Jay Gee*. Mucha suerte. Esta noche volveré al barco. Ahora debo ir a casa, que seguro que mi mujer se ha puesto enferma de la preocupación.

El policía desapareció en la niebla como si se hubiera evaporado. Por su parte, Pieter y Hein penetraron en un teatro redondo de madera, iluminado y con bancos dispuestos en gradas. Allí, confiando ciegamente en el policía, apostaron todo su dinero por el gallo *Jay Gee*. A continuación se sentaron, llenos de expectación, en un banco.

Pero cuando abajo, en el redondel de arena, vieron cómo los preparadores o los propietarios de los gallos les ponían afilados espolones en forma de hoz, el ánimo se les vino abajo a los dos, que nunca habían presenciado una pelea de gallos.

Y cuando más tarde comenzó la pelea de cuatro animales a la vez, con un revoloteo de plumas alrededor de las aves y constantes salpicaduras de sangre en la arena, los dos palidecieron y apartaron la mirada.

Ahora bien, qué difícil es estar una hora entera apartando la vista cuando todos los demás miran la pelea mientras gritan y gesticulan como posesos. Así que, después de un tiempo, Pieter volvió a mirar, justo en el instante en que un gallo, cubierto de sangre, caía muerto sobre la arena.

Y Pieter se puso tan malo que tuvo que salir.

–Te espero fuera –le susurró a Hein, y salió tambaleándose ligeramente, aunque esta vez no por el *grog*.

Ya en la calle, todavía cubierta por la niebla, se apoyó contra la pared de madera del recinto para esperar el desenlace de la pelea, mientras seguía oyendo los gritos y el alboroto de la multitud.

Tuvo que esperar más de una hora. Y esperó a pesar de la fría niebla, que parecía metérsele hasta la médula; pues ni siquiera diez caballos habrían podido llevarlo de nuevo al interior, para obligarle a contemplar otra vez aquel sangriento espectáculo.

Finalmente terminó la pelea, y los espectadores salieron a empujones. De sus conversaciones, Pieter dedujo que el gallo *Jay Gee* había ganado. Y confirmó el desenlace de la pelea cuando apareció Hein arrastrado por un grupo de personas.

–Nuestro gallo ha ganado –le informó Hein–. ¿Cuánto dinero crees que llevo en el bolsillo? –y se golpeó el bolsillo del pantalón, que estaba cubierto por el blusón azul.

Pieter se encogió de hombros y dijo:

–Veinte libras.

–Más –dijo Hein.

–¿Treinta libras?

–Más.

–¿Más aún? –preguntó Pieter, asombrado–. ¿Tal vez cuarenta libras?

–¡Más!

–¡Cielo santo! ¿Más aún? –preguntó Pieter–. ¿Cincuenta libras quizá?

–¡Más! –canturreó Hein.

–¿Sesenta libras? –Pieter lo preguntó muy bajito.

Y Hein respondió en voz alta y radiante:

–¡Sí, hemos ganado sesenta libras! Lo suficiente para comprar tres papagayos parlantes.

–Pero para eso han tenido que morir tres pobres gallos –dijo Pieter. Y, después, preguntó–: ¿Y cómo daremos otra vez con los tratantes de aves con esta niebla tan espesa?

–Con este vehículo –respondió Hein, señalando un coche de caballos de dos ruedas que, pálidamente iluminado por delante con dos faroles de petróleo, se les acercó traqueteando.

Y, en efecto, el coche los llevó lentamente por la espesa niebla hasta el sector de las cervecerías y, una vez allí, a la tienda del comerciante indonesio.

Éste exclamó al ver a los dos marineros:

–¿De nuevo por aquí, señores? ¿Tienen ustedes el dinero?

–¡Milrayosnieblafríonocheycentellas, por supuesto que lo tenemos! –exclamó Hein. Y, volviéndose hacia Pieter, dijo–: Yo pago. Tú ocúpate del ave –y pagó al comerciante las catorce libras que pedía.

Por su parte, Pieter se dirigió a *Anuca*, el papagayo hembra, y soltó la cadenita que lo sujetaba al palo donde estaba encaramado. El ave aleteó hasta posarse en su hombro, y, dando muestras de su alegría, exclamó:

–¡Me han comprado! ¡Me han comprado! ¡Me han comprado!

A continuación, después de que el vendedor se despidiera del papagayo hembra con un golpecito en el lomo y les deseara a los marineros buen viaje de regreso, Hein y Pieter se dirigieron con el coche, que los había estado esperando, a la refinada y cara Regent Street y, con el dinero que aún le quedaba a Hein en el bolsillo, compraron regalos de Navidad: muñecas y soldaditos de plomo para sobrinas y sobrinos, un enorme libro con ilustraciones a todo color de las distintas reinas inglesas para Lenuca, un grueso mantón de lana para la madre de la niña, una brillante chistera para el doctor Van der Tholen, una vajilla de cobre para la mujer de Pieter y, para la vieja amiga de Hein, que tanto tiritaba siempre, una cálida manta escocesa de cuadros rojos y marrones. Para terminar, en una tienda de artículos para animales compraron alimentos para el papagayo que, desde el hombro de Pieter, garría:

–¡Eso le gusta a *Anuca*! ¡Eso le gusta a *Anuca*!

Después de aquellas compras, con las que menguó notablemente el dinero ganado, Hein y Pieter se hicieron conducir al puerto, donde le pagaron al cochero y le dieron una buena propina. Después, cargados de paquetes y tanteando a través de la persistente y espesa niebla, subieron al velero y desde allí pasaron a la chalupa. Entretanto, *Anuca*, el papagayo hembra, chillaba alegremente:

–¡Ole, ole, ahora nos hacemos a la mar!

Por la noche, Johnny van der Heuvel, el policía, acudió a visitarlos; les dio la enhorabuena por haber ganado con la pelea de gallos y quedó admirado de la belleza del papagayo hembra, que le gritó:

–Uno, dos y tres, poli inglés. Cuatro, cinco y seis, no miréis.

Esta vez, Johnny sólo bebió dos vasos de *grog* en compañía de Hein y Pieter. Luego, volvió a abandonar el barco y dijo para despedirse:

–Esperemos que mañana se levante la niebla. ¡Que tengáis buen viaje hacia Amsterdam!

Anuca, que se había instalado cómodamente sobre una varilla de latón que había en el camarote, repitió:

–¡... Buen viaje hacia Amsterdam! –y añadió–: ¡Ole el barco! –a continuación bostezó, enterró la cabeza entre las plumas y durmió plácidamente, mecida por el agua que batía contra el costado del barco.

3

El largo camino hacia Amsterdam

La travesía del Canal

A la mañana siguiente, cambió el tiempo en Londres. Mientras Hein y Pieter aún roncaban en sus literas, *Anuca*, el papagayo hembra, ya estaba despierta. Miró por el ojo de buey las aguas del Támesis, y aquella vista la excitó, al parecer, poderosamente; pues poco después una voz procedente del camarote despertó a los dos navegantes.

–¡Ya no hay niebla! ¡Ya no hay niebla!

Naturalmente, Hein y Pieter saltaron de las literas, tan excitados como *Anuca*, al oír la noticia. Al hacerlo, Hein se dio con la cabeza contra el techo de la litera y, a pesar de la gran cantidad de cabello que tenía, se hizo un chichón; y, por su parte, Pieter se torció el tobillo derecho. A pesar de ello, durante el desayuno, Hein, con un paño húmedo sobre el chichón, y Pieter, con un paño húmedo liado al tobillo, comentaron:

–Tenemos suerte. Hace buen tiempo. Para Navidad estaremos en casa.

Entonces, súbitamente, desde dentro del camarote tronó la áspera voz de *Anuca*, demostrando de nuevo lo parlanchina que era:

–¡Rayosveleroyamsterdamycentellas! ¿Dónde está mi desayuno? ¿Y cuándo nos haremos por fin a la mar?

Los dos navegantes rieron, llevaron alimentos y agua al papagayo y, después, desplegaron la vela para el viaje de vuelta a casa. Aunque por fortuna ya la niebla se había disipado, desgraciadamente para el barco era el viento del este el que soplaba. Y eso quería decir que tenían que navegar contra el viento, en zigzag y en perpetua pelea contra él.

–¡Rayosvientodelesteycanalycentellas, sólo nos faltaba esto! –maldijo Hein.

Y *Anuca*, el papagayo hembra, al que Pieter había puesto junto al timón, repitió:

–¡Rayosvientodelesteycanalycentellas, sólo faltaba esto!

Pero como las aguas corrían río abajo, a pesar de todo completaron el descenso del Támesis al acabar la tarde. Mientras tanto, el sol se había ocultado ya detrás de las olas, y las encrespadas aguas del Canal sacudían de tal modo el barco que, junto al timón, *Anuca* exclamó espantada:

–¡El mundo se viene abajo! ¡El mundo se viene abajo!

Al oírlo, los navegantes rieron; y Pieter dijo:

–Pues espera a que estemos en medio

del Canal. ¡Te vas a quedar pasmada, rayostormentaynocheymástilycentellas!

Anuca repitió con voz temblorosa:

–¡Rayos... tor... menta... y... noche... y... mástil... y... cen... tellas! –después se calló, ladeó la cabeza, miró con el rabillo del ojo el imponente oscilar del mástil de un lado para otro y exclamó finalmente–: ¡*Anuca* quisiera ir al camarote! ¡*Anuca* quisiera ir al camarote!

Durante la noche siguiente, que fue tormentosa y en la que ninguno de los dos marineros pudo permitirse dormir, tampoco *Anuca*, de nuevo posada sobre la varilla de latón del camarote, consiguió conciliar el sueño. Si una ola rompía contra el costado del barco, se estremecía. Si oía el fragor de una ola fuerte que alcanzaba la cubierta y cuya agua se desparramaba en espuma blanca, temblaba. Si la lona de la vela restallaba, se le erizaban las plumas. Y si el barco se inclinaba peligrosamente, aleteaba y garría lamentándose:

–¡Pobre *Anuca*, pobre *Anuca*! ¡Se acabó todo, se acabó todo!

Pero después de la noche y la tormenta y el horror del mar, la luz del día volvió a brillar por fin. Sin embargo, cuando *Anuca* miró por el ojo de buey, sólo divisó turbulentas aguas de un gris oscuro y densas nubes negras que colgaban sobre ellas. No se veía tierra por ninguna parte, ni siquiera un pájaro.

–¿Qué será de nosotros? ¿Qué será de nosotros? –se lamentaba el papagayo. De puro miedo y agitación llegó a olvidarse hasta de desayunar, y le sorprendió mucho que, en torno al mediodía, cuando hubo cambiado el viento, Pieter le trajera alimento y agua potable.

–Ahora el viento sopla de atrás –dijo Pieter, alegre–. Pero debemos ir a la costa rápidamente. Parece que se acerca un huracán. Por eso nos dirigimos hacia Zeebrugge.

–¿Zeebrugge? –preguntó *Anuca*–. ¿En Bélgica?

–Sí –dijo Pieter–. Zeebrugge pertenece al recién creado reino de Bélgica. En eso tienes razón. Y pronto verás Zeebrugge, señorita.

A continuación, Pieter volvió a cubierta y *Anuca* se alimentó y bebió agua, mientras el barco, empujado por el viento del oeste, era llevado, ola arriba, ola abajo, hacia la costa belga, pero con mucha más rapidez que en la noche anterior.

Antes de que se pusiera el sol, ya se divisaba en el horizonte, cada vez que una ola levantaba el barco, la costa belga. De momento, sólo era una franja oscura. En la madrugada del día siguiente, mientras el cielo y el mar parecían tomar aliento y Pieter murmuraba: «La calma que precede a la tormenta», entró la *María de Volendam* en el diminuto puerto de Zeebrugge, que por entonces era únicamente un pequeño punto en la costa.

Hein y Pieter amarraron bien el barco en un bolardo de un muelle con forma de «L» y, muertos de cansancio, se echaron a dormir mientras se alcanzaba la plena luz del día.

Pero antes de que amaneciera totalmente, apareció sobre la cubierta del buque otra persona; en concreto, monsieur Poullain, un agente de aduanas procedente de la capital, Bruselas, que se aburría en el diminuto puerto de Zeebrugge y se alegraba cuando tenía algo que despachar, aunque fuera en una fría madrugada antes de salir el sol.

El tal monsieur Poullain, acostumbrado a ver de noche, subió al barco sin más, hizo sonar la campana y escuchó si alguien se movía.

Y, efectivamente, alguien se movió, pues del interior del barco se escapó una maldición:

–¡Rayossueñodemarineroynavegacióncosteraycentellas! ¿Qué es lo que pasa ahora?

Y una extraña voz repitió garriendo:

–¡... Sueñodemarinero... y... navegación-costera... y... centellas! ¿Qué es lo que pasa ahora?

Monsieur Poullain exclamó en voz baja y en francés:

–¡Es el despacho de aduana!

Poco después, subió por la escalera del barco una luz bamboleante y, conforme su brillo se acercaba y se hacía más intenso, monsieur Poullain vio aparecer una desgreñada cabellera rojiza y luego, parpadeando y bostezando, la figura de Hein, el navegante, con un farol en la mano.

–¿Qué pasa? –gruñó malhumorado Hein.

–Es el despacho de aduana –repitió monsieur Poullain en francés. Y a continuación, al observar que Hein no le comprendía, repitió la respuesta en el holandés que se habla en Bélgica, esto es, en flamenco.

Y ya por fin comprendió el adormilado Hein de qué se trataba, y Pieter, más adormilado aún si cabe que su compañero, subió pesadamente las escaleras, lo comprendió también y preguntó estupefacto:

–¿Despacho de aduana? ¿En plena noche?

–En el recién fundado reino de Bélgica –dijo Hein mientras colgaba el farol de un clavo– quieren indicarnos que se madruga. ¿No es así, señor capitán de aduanas?

Monsieur Poullain, hombre de corta estatura, balanceándose sobre la punta de los pies, ignoró la observación, se presentó como inspector superior de aduanas Henri Pierre Poullain y preguntó:

–¿Qué tienen que declarar, señores?

–Sólo llevamos regalos de Navidad –dijo Hein bostezando–. No merecen la pena.

–Eso ya lo veremos –dijo picado monsieur Poullain–. Enumérenme los regalos de Navidad.

–Pues lo primero es el papagayo –informó Pieter, al tiempo que soplaba sobre sus manos frías para darles algo de calor.

–¿Un papagayo? –preguntó espantado monsieur Poullain, y Hein propinó con disimulo un rodillazo en el trasero de Pieter por la torpeza que había cometido.

Y monsieur Poullain volvió a repetir con el mismo espanto:

–¿Un papagayo? ¿Pero no leen los periódicos, señores? ¿Acaso no saben que la enfermedad de los papagayos se está extendiendo por Europa? ¿Cuentan con un certificado de salud para el papagayo? ¿Está vacunado? Y ¿dónde lo han comprado?

El ánimo de los navegantes se vino de nuevo abajo. Hasta entonces no habían oído nada de la enfermedad de los papagayos. Y ninguno de los dos sabía si el papagayo que tenían estaba vacunado.

Así que, como en la cubierta del barco

hacía un frío de perros, invitaron a monsieur Poullain a pasar al camarote. Allí encendieron rápidamente las lámparas de petróleo, que pronto desprendieron un poco de calor e iluminaron al objeto de la disputa aduanera: el papagayo hembra.

Y también allí, en el camarote, se puso de manifiesto que *Anuca*, el papagayo hembra, sabía hablar francés. En efecto, cuando monsieur Poullain preguntó por el precinto sanitario que debía llevar el ave, *Anuca* garrió:

–¡Parlé fransé! ¡Parlé fransé!

Entonces empezó una interminable cháchara en francés entre el aduanero y el papagayo, de la que Pieter y Hein no entendieron lo que se dice nada. Por fin, monsieur Poullain, balanceándose de nuevo sobre la punta de los pies, se colocó junto a *Anuca* y le dijo en un refinado francés:

–Permítame, madame –sopló bajo el ala izquierda del papagayo, separó delicadamente unas plumas con la punta de los dedos y mostró a Hein y Pieter, con gesto de triunfo, un redondelito de plomo en forma de sello, perteneciente a la administración inglesa de salud, en el que, en círculo, se leía que el ave estaba oficialmente vacunada.

Los dos marineros estaban asombrados. Entonces, el funcionario de aduanas sonrió, oficialmente convencido. Y *Anuca*, el papagayo hembra, exclamó:

–¡Hay que saber idiomas! ¡Hay que saber idiomas!

Seguidamente, Pieter y Hein invitaron a monsieur Poullain a un té con ron. Pero apenas se bebieron la mitad; pues cuando aún lo estaban saboreando, se produjo en cubierta un estallido seguido de un tintineo y de un traqueteo. *Anuca* chilló:

–¡El huracán! ¡Seguro que es el huracán!

Y tenía razón: la primera ráfaga anunciadora del huracán había arrojado al suelo el farol que Hein había colgado de un clavo. Y ya el huracán azotaba con sus embestidas desde el mar. El agua empezó a encresparse y el barco, aunque situado al abrigo del viento detrás del muro del muelle, se convirtió en juguete de las olas.

Dentro del camarote, *Anuca* se aferraba chillando a la lámpara del techo, que oscilaba alocadamente, y monsieur Poullain estaba encogido en un rincón, agarrado a las patas del sofá y susurrando plegarias en francés. Hein y Pieter consiguieron ponerse, bien que mal, los impermeables. Después, subieron a cubierta con grandes esfuerzos y, dándose golpes por todo el cuerpo y luchando contra la tormenta que aullaba con fuerza, amarraron dos y tres veces el barco en el bolardo y dejaron caer por la borda, además de los ovillos de cabos trenzados, cuatro salvavidas, que colocaron entre el costado y el muelle para que el barco no se rompiera contra el muro.

Cuando más tarde llegó el día, sombrío y gris oscuro (la espuma seguía salpicando y el agua rociando la embarcación y el muelle), la *María de Volendam* se encontraba, por fin, medio asegurada en el pequeño puerto. Sólo entonces Hein y Pieter se atrevieron a abandonar el barco para trasladar al papagayo, que seguía parloteando débilmente, y al pálido monsieur Poullain de la cubierta al muelle.

Después, desde el muelle salpicado de espuma se dirigieron, siempre luchando contra la tormenta, a casa de monsieur Poullain, donde una madame bajita y rechoncha los recibió con bata y gorro de dormir y, acto seguido, les sirvió un agradable y humeante desayuno a base de café y huevos con tocino.

Durante el mismo, con la música de fondo del ulular del viento y el fragor del agua, *Anuca*, subida sobre una columnita de estilo griego, se fue calmando poco a poco y Pieter volvió a contar una vez más la cada vez más larga historia de la niña enferma, del doctor Van der Tholen, de la travesía hacia Londres y de todo lo que había sucedido después.

A casa

En ese mismo instante, en Amsterdam, rodeada de almohadas con estampados de flores, Lenuca estaba sentada en la cama y le decía a *Josine*, su muñeca:

–Cuando llegue Navidad, *Januco* estará aquí de nuevo. Y Navidad es dentro de tres días.

La madre de Lenuca, que estaba en la cocina y oía hablar a su hija, y al mismo tiempo percibía el fragor de la tormenta, susurró, ya plenamente agotada de puro miedo de que la niña pudiera llevarse una decepción en Navidad:

–El doctor Van der Tholen no fue prudente al prometerle a Lenuca un papagayo parlante con tanta facilidad. ¿Qué vamos a hacer en caso de que no llegue?

También el doctor Van der Tholen preguntó cuando llegó a la casa poco después:

–¿Qué haremos, señora Visser, si no llega el papagayo? ¡Menudo jaleo he armado! A una niña enferma le prometo un papagayo cuando no sé si lo conseguiremos, y con este tiempo mando a dos marineros al otro lado del Canal sin saber si van a regresar a

salvo. ¡Dios mío, ojalá ya estuviera aquí el barco!

Pero la chalupa que debía traer el ansiado papagayo, la *María de Volendam,* seguía estando amarrada, con seguridad pero sacudida por el mar y el viento, en Zeebrugge. Y allí permaneció durante todo el 21 de diciembre y también la noche siguiente; pues el huracán no amainaba.

¿Estaría el barco en Amsterdam para Navidad? Hein y Pieter, los marineros, no lo sabían. Sólo sabían que al día siguiente tenían que proseguir el viaje. Y, en efecto, así lo hicieron. Aquel 22 de diciembre consiguieron, a pesar del viento en contra, dejar atrás la isla de Walcheren y anclar por la noche en un río, el Osterschelde.

Y llegó el 23 de diciembre, un día tormentoso en el que *Anuca* manifestó que ya estaba harta de navegar y que, dado que era un ave, volaría en solitario hacia la casa de Lenuca en Amsterdam. Pero los dos marineros se limitaron a reír, y *Anuca*, que sólo era un papagayo domesticado y no una paloma con sentido de la orientación, renunció al vuelo y una vez más se acurrucó sobre la varilla de latón del camarote mientras la *María de Volendam* se dirigía hacia Rotterdam, en cuyo puerto debió permanecer por la noche porque Hein y Pieter tenían algunas cosas que reparar.

Y finalmente llegó el 24 de diciembre, el día en que, en muchos países, cuando anochece, se iluminan los árboles llenos de bombillas, el día de las grandes ofrendas y regalos.

En Amsterdam, aquella mañana Lenuca tenía fiebre. Estaba tan excitada que su madre tuvo que añadir a su cacao unos polvillos sedantes mientras susurraba:

–Ojalá que todo salga bien.

Ese día, el doctor Van der Tholen no se encontraba muy lejos de Amsterdam. Sentado junto a la mujer de Pieter, en la estrecha casa justo detrás del dique de Volendam, rezaba:

–Dios del cielo, si es verdad que existes, trae aquí a los navegantes y al papagayo.

Y, en efecto, los navegantes y el papagayo estaban en camino. Pero seguían peleando duro contra el viento, que ahora soplaba del noroeste. Hein y Pieter no daban abasto con sus manos para mantener el rumbo y luchar al mismo tiempo contra el viento y el agua. Querían imperiosamente llegar ese mismo día a Volendam, donde, mientras tanto, el doctor Van der Tholen tomaba ya su tercer vaso de té y la mujer de Pieter, que solía ser muy tranquila, hacía tiempo que movía los dedos con nerviosismo.

Y ya sea que los rezos dieron resultado, ya sea que Hein y Pieter eran buenos marineros, el caso es que la chalupa llegó lenta pero imparablemente a la embocadura del mar de Ijssel.

En el punto en que el barco tenía que hacer un viraje peligroso, Hein volvió a llevar a *Anuca* desde el timón al camarote, y le dijo:

–Ahora esto se va a poner que arde, señorita. Agárrate bien a tu varilla de latón.

Bien pronto supo *Anuca* lo que Hein quería decir: súbitamente, las velas comenzaron a restallar; en la cubierta se oyeron golpes; las maldiciones de Hein se hicieron más sonoras y prolongadas; y el barco, gimiendo por todas sus junturas, se inclinó tanto sobre el costado que todo lo que en el camarote estaba suelto rodó con estrépito por el suelo y uno de los cajones de la cómoda se abrió y vomitó su contenido como si estuviera mareado.

–¡Milrayosygemidoyrestallidoycrujidoycentellas! –chilló *Anuca*, y se puso a salvo sobre la lámpara, que oscilaba de aquí para allá–. Ahora que nos acercamos a nuestro puerto, nos vamos a pique.

Afortunadamente, el naufragio que *Anuca*, presa de miedo, había vaticinado no se produjo. Y cuando el velero consiguió traspasar la embocadura del mar de Ijssel, comenzó a avanzar ceremoniosamente, impulsado por el viento del norte, en dirección al sur, hacia su puerto de matrícula.

Y en ese puerto, Volendam, poco después, alguien llegó a caballo al dique y exclamó:

–Los han avistado. Ya vienen Hein y Pieter. Pero no hay ningún papagayo con ellos.

Al oír aquella noticia, al viejo doctor Van der Tholen se le cayó, como suele decirse, el alma a los pies. Envuelto en una gruesa pelliza, fue uno de los primeros que, al abrigo del viento junto a las casas, se presentó en el dique, esperando ansiosamente la llegada del barco. Allí susurró:

–¿Y qué hago si no traen ningún papagayo?

Y cuanta más gente se congregaba sobre el dique, tanto más se intranquilizaba.

Por fin, la chalupa apareció a la vista. Se produjo una agitación entre quienes estaban sobre el dique. Y el gordo señor Bakker, que estaba junto al doctor Van der Tholen y miraba por un catalejo, dijo:

–Es verdad que no hay ningún papagayo.

–¿Me permite? –le pidió el doctor Van der Tholen. Cogió el instrumento, miró a través de él y buscó por todo el barco. Pero tampoco él vio ningún papagayo. Así que devolvió el catalejo dando las gracias y susurro–: Todo ha sido en vano.

Ya se disponía a retirarse del dique cuando, súbitamente, el señor Bakker exclamó:

–¡Doctor, doctor! Algo de muchos colores sale a cubierta con Hein. Mire usted otra vez. Quizá sea el papagayo.

El médico cogió el catalejo con avidez, buscó la chalupa, la encontró, enfocó un poco más la imagen y a continuación gritó, contento como un niño:

–¡Sí, señor Bakker, sí! ¡Ése es el papagayo!

Los congregados en el dique lo miraron sonriendo, pues todos conocían desde hacía tiempo la historia de la niña enferma. Así que nadie se extrañó de que el doctor, a pesar de su edad, fuera el primero en subir a bordo en cuanto la embarcación tocó puerto, y preguntara sin rodeos:

–¿Sabe hablar el papagayo?

Antes de que Hein y Pieter pudieran responderle, Anuca exclamó con la cabeza ladeada:

–¡Milrayosvolendamymardeijsselycentellas! Cuando por fin pueda marcharme de este barco, las palabras me saldrán en cascada.

Los que estaban sobre el dique se rieron. El doctor Van der Tholen también lo hizo, y le dijo:

–¡Bienvenida de corazón a Volendam! –después saludó a Hein y a Pieter, a quienes, en contra de su costumbre, abrazó mientras exclamaba–: ¡Qué contento estoy de que lo hayáis logrado!

Poco después, un pequeño grupo se trasladó desde el barco a la estrecha casa de detrás del dique: Pieter y Hein cargados de regalos; el doctor, con el papagayo al hombro; y amigos y vecinos, movidos por la curiosidad.

Cabe suponer lo que sucedió en la casa: se desempaquetaron los regalos, que fueron acogidos con muchos «¡ah!» y «¡oh!» de admiración; Hein y Pieter tuvieron que contar cosas hasta que casi se les secó la boca; *Anuca*, que revoloteaba de hombro en hombro, habló y habló de la travesía en barco, y la mujer de Pieter no paró de servir té recién hecho. Cuando las campanas anunciaron la misa de Navidad, todo se descompuso como un hormiguero en estampida, pues la gente se había olvidado de cambiarse para ir a la iglesia. Y el doctor Van der Tholen exclamó:

–¡Dios mío, yo aquí sentado y charlando, como si no supiera qué hacer con mi tiempo, mientras Lenuca, que es lo principal, espera su papagayo! ¡Rápido, *Anuca*, sube al coche! ¡Y tú, Pieter, dame los regalos! ¡Maldita sea, otra vez con prisas!

De Volendam a Amsterdam

Poco después, el coche del doctor Van der Tholen, en el que viajaban el médico y *Anuca*, envuelta en una manta, se dirigía hacia Amsterdam. Durante el recorrido, el doctor Van der Tholen explicó a *Anuca* que Lenuca aún estaba apenada por la muerte de *Janu-co*.

–Por tanto –dijo–, quizá lo mejor sea que te presentes como su hermana.

–Haré todo lo que desee –le aseguró *Anuca*– con tal de que no tenga que volver a bordo del maldito barco.

Poco después entraron, entre chirridos, en Amsterdam. La ciudad estaba adornada con numerosos árboles de Navidad. Cierto es que no tenían las velas encendidas debido al viento, pero de ellos colgaban objetos brillantes y dorados. Algunos se reflejaban, a la luz de las farolas, en las aguas de un canal. El aire era frío y diáfano, y el doctor Van der Tholen dijo olisqueando:

–Estoy casi seguro de que hay ambiente de nevada.

–Entonces habrá Navidades blancas –dijo *Anuca*–. Sería hermoso.

Después, el coche torció por el canal de Heeren, y el doctor Van der Tholen dijo:

–*Anuca*, enseguida llegaremos a nuestro punto de destino. Aquella ventana iluminada, allí arriba, en la buhardilla, es la de la habitación de Lenuca. Y ahora hemos de detenernos. ¡Sooo...!

Los caballos se detuvieron, el médico abrió la puerta del coche, ató los caballos a un palo junto a la orilla del canal y exclamó:

–Listo. ¡Sal ya, *Anuca*!

Y *Anuca* revoloteó, tras desembarazarse de la manta, hasta el hombro izquierdo del doctor.

En ese instante, ambos oyeron por encima de ellos un grito sofocado. Al levantar las cabezas, vieron que una mujer los miraba desde arriba con la boca abierta. Asomada a la ventana más alta, les hizo una breve señal y volvió a cerrar la ventana.

–Sin duda era la madre de Lenuca –dijo *Anuca*.

–Sí –dijo el médico–. Seguramente bajará a recibirnos. Entremos en la casa.

El médico subió los peldaños que conducían a la puerta de entrada, y precisamente en ese momento comenzó a descender del cielo –como un maravilloso golpe de efecto preparado de antemano– blanca y fina nieve en polvo, que pronto se convirtió en copos más grandes.

Entonces, *Anuca* chilló contenta:

–Ahora sí que habrá Navidades blancas de verdad. Lenuca se alegrará de eso.

–Pero primero se alegrará de tenerte a ti –dijo sonriendo el médico. Abrió la puerta y penetró en la casa con el papagayo al hombro. Sobre el sombrero tenía ya un poco de nieve.

Las lámparas de gas de la escalera sólo daban una luz muy tenue. Así que al principio ninguno de los dos pudo divisar con claridad quién bajaba por las escaleras. Pero en el tramo intermedio vieron que era, efectivamente, la madre de Lenuca. Estaba muy excitada (lo denotaban las manchas rojas de sus mejillas) y preguntó, con la voz debilitada por la emoción:

–Así que es éste. ¿Sabe hablar?

–Yo no soy «éste» –respondió *Anuca* desde el hombro del doctor–. Soy «ésta». Y me llamo *Anuca*. Y por supuesto que sé hablar.

–¡Habla! –exclamó la madre de Lenuca, y entonces empezó a llorar. Trató de reprimir los sollozos, con lo que sólo consiguió sollozar aún más y, finalmente, se colgó del cuello del doctor, que, estremecido de la emoción, le acarició la espalda para tranquilizarla y le dijo:

–¿Y cómo es que llora, señora Visser, cuando tiene tantos motivos para alegrarse?

–Pero si lloro de alegría... –respondió la madre de Lenuca. Se secó las lágrimas con las manos, sollozó una vez más y dijo por fin–: Subamos a ver a Lenuca. Creo que está aún más excitada que yo.

Así que siguieron subiendo las escaleras; y cuando estuvieron arriba, el doctor Van der Tholen abrió suave y lentamente la puerta pintada de verde a través de la cual se entraba en la habitación.

En el cuarto había un árbol de Navidad iluminado. De sus ramas colgaban rojas manzanas. Lenuca estaba sentada en la cama, muy tiesa, al igual que la muñeca que tenía a su lado. Sus mejillas estaban encendidas; los ojos le ardían.

El doctor Van der Tholen vaciló al verla así sentada. Estaba confuso.

Pero *Anuca*, el papagayo hembra, voló sin más desde el hombro del doctor hasta la cama. Con la cabeza muy derecha, se colocó sobre la floreada funda del edredón, frente a Lenuca, y garrió:

–Aquí estoy, Lenuca, recién llegada de Londres. Me llamo *Anuca*. Mi hermano *Januco* te manda sus mejores recuerdos. Y ahora, ¡milrayosárboldenavidadynievedeinviernoycentellas!, me puedes dar un beso en el pico. ¡Aquí!

Agachando la cabeza, le presentó el pico, y Lenuca, que miraba a *Anuca* con los ojos muy abiertos, se inclinó, frunció los labios, besó el pico de *Anuca*, abrazó cuidadosamente al ave y, por último, preguntó:

–¿Te vas a quedar aquí para siempre?

–¡Para siempre, milrayosplumajeypicodepapagayoycentellas! –respondió *Anuca*.

Y entonces (la madre y el médico lo vieron con gran asombro), Lenuca apartó la manta de un tirón, saltó fuera de la cama y, sin dejarse desbordar por la emoción de tener a *Anuca* (que, asustada, había levantado el vuelo y ahora revoloteaba en torno a la niña), comenzó a bailar sobre la alfombrilla al tiempo que exclamaba con una vocecita entrecortada:

–¡Ya tengo... ya tengo... mi papagayo de Navidad!

La madre de Lenuca y el doctor entraron por fin en la habitación, sin saber si reír o llorar. Y el doctor Van der Tholen exclamó:

–El papagayo le ha devuelto la salud. ¡No cabe duda! ¡Pero ahora, Lenuca, métete en la cama de nuevo! Si no, volverás a recaer –después cerró silenciosamente la puerta mientras Lenuca, dichosa, volvía a la cama y el papagayo, fatigado, se acomodaba en una almohada con estampado de flores.

Y al que quiera saber cómo continuó la historia, puedo asegurarle que todo transcurrió feliz.

Lenuca y *Anuca* pronto se hicieron amigas inseparables y, cuando Lenuca estuvo totalmente curada, viajaron con frecuencia en el coche del doctor Van der Tholen hasta Volendam, donde Hein y Pieter les contaban una y otra vez cosas asombrosas de su viaje a Londres.

También debo mencionaros que el paquete de Johnny van der Heuvel, el policía londinense, llegó efectivamente a manos de su viejo padre.

Y este anciano es parte importante en nuestra historia; pues él fue quien hace muchos, muchos años se la contó en Amsterdam a mi bisabuelo.

Índice

Título de la edición original: *Der Weihnachtspapagei*
Traducción del alemán: José A. Santiago Tagle,
cedida por Ediciones SM
Diseño: Eva Mutter
Ilustraciones: Maite Guerrero

Círculo de Lectores, S.A. (Sociedad Unipersonal)
Valencia, 344, 08009 Barcelona
1 3 5 7 9 6 9 1 0 8 6 4 2

Depósito legal: B. 31371-1996
Fotocomposición: gama, s.l., Barcelona
Impresión y encuadernación: Printer industria gráfica, s.a.
N. II, Cuatro caminos s/n, 08620 Sant Vicenç dels Horts
Barcelona, 1996. Impreso en España
ISBN 84-226-5909-3
N.º 24281 B